EL PODER DE LA HUMILLACIÓN

El libro de la humillación

James John A.

Reservados todos los derechos. No se permite la reproducción total o parcial de esta obra, ni su incorporación a un sistema informático, ni su transmisión en cualquier forma o por cualquier medio (electrónico, mecánico, fotocopia, grabación u otros) sin autorización previa y por escrito de los titulares del copyright. La infracción de dichos derechos puede constituir un delito contra la propiedad intelectual.

El contenido de esta obra es responsabilidad del autor y no refleja necesariamente las opiniones de la casa editora. Todos los textos fueron proporcionados por el autor, quien es el único responsable por los derechos de los mismos.

Las citas bíblicas de esta publicación han sido tomadas de la Reina-Valera 1960 ® © Sociedades Bíblicas en América Latina, 1960. Renovado © Sociedades Bíblicas Unidas, 1988. Utilizado con permiso. Reina-Valera 1960® es una marca registrada de Sociedades Bíblicas Unidas, y se puede usar solamente bajo licencia.

Las citas de las Escrituras marcadas (NVI) están tomadas de la Santa Biblia, NUEVA VERSIÓN INTERNACIONAL® NVI® © 1999, 2015 por Biblica, Inc.® Usado con permiso. Reservados todos los derechos en todo el mundo.

Publicado por Ibukku, LLC
www.ibukku.com
Diseño y maquetación: Diana Patricia González J.
Diseño de portada: Ángel Flores Guerra B.
Copyright © 2023 James John A.
ISBN Paperback: 978-1-68574-400-7
ISBN eBook: 978-1-68574-401-4

Contenido

Introducción	7
Capítulo 1 La humillación empieza en el corazón	9
Capítulo 2 La humillación te lleva a una acción	13
Capítulo 3 El despojo en la humillación	17
Capítulo 4 La humillación nos hace dependientes de Dios	21
Capítulo 5 La humillación no tiene interés	25
Capítulo 6 La humillación trae exaltación	29
Capítulo 7 La humillación a Dios cambia situaciones	35
Capítulo 8 La humillación es hablar palabras con nuestras acciones	39
Capítulo 9 El poder en la humillación	45

No para que el hombre sea perfecto, sino para
que Dios le enseñe algo al hombre.

El hombre, al humillarse a Dios, no será más perfecto.

El hombre, al humillarse a Dios, Dios le enseñará algo.

El poder de la humillación es un libro para aprender de Dios.

En la humillación aprenderemos las lecciones
que Dios nos quiere enseñar.

Introducción

La humillación empieza en el corazón y continúa con acciones.

La humillación es una práctica genuina y profunda de un arrepentimiento, de dependencia y sumisión a Dios, la cual debe estar presente en la vida de un creyente.

Muchas veces no tenemos palabras para expresarnos a Dios, por cualquier circunstancia o motivo. Es en esos momentos, así como en el ayuno, en las vigilias y en otras prácticas del cristianismo, que la humillación también debe tener lugar en la vida de un cristiano.

La humillación es para todos, pero no todos están dispuestos a humillar su corazón a Dios.

Para humillarnos a Dios primeramente debemos ser humildes y reconocer su soberanía, su deidad, su poder y nuestra dependencia total de Dios.

Es por esa razón por la que las máximas expresiones y acciones de humillación las podemos encontrar en hombres sin esperanza, sin solución y sin salida a sus situaciones.

La humillación puede ser la llave para su situación. Dios vio humillarse a muchos reyes, profetas y pueblos, y Él tuvo misericordia y compasión de ellos.

«Jesucristo es el mismo ayer, y hoy, y por los siglos»
Hebreos 13:8

Capítulo 1
La humillación empieza en el corazón

La humillación a Dios es un acto de sumisión y de dependencia total a Dios que empieza en un corazón contrito, humillado y rendido a Dios.

En la Biblia podemos ver algunos ejemplos de humillación:

En el libro de Jonás, capítulo 3, el rey de Nínive se encontró en un momento decisivo de su gobierno como rey, y con la responsabilidad de un país entero. Lo que el rey hizo fue humillarse a Dios.

El rey se despojó de sus ropas reales, bajó de su silla, se cubrió de cilicio y se sentó sobre ceniza.

La acción que hizo este rey comenzó en su corazón.

Una verdadera humillación empieza en un corazón rendido y humillado a Dios.

En el libro de Daniel 10:12, podemos ver cómo el profeta Daniel se humilló ante Dios, y su humillación comenzó en su corazón.

«Entonces me dijo: Daniel, no temas; porque desde el primer día que dispusiste tu corazón a entender y a humillarte en la presencia de tu Dios, fueron oídas tus palabras; y a causa de tus palabras yo he venido»
Daniel 10:12

El profeta Daniel, antes de hacer algún acto de humillación, él primeramente humilló su corazón; y Dios vio eso en él, un corazón rendido y humillado a Él.

«Los sacrificios de Dios son el espíritu quebrantado; Al corazón contrito y humillado no despreciarás tú, oh Dios»
Salmos 51:17

En mi experiencia como cristiano he entendido que todo lo que hagamos para Dios empieza en el corazón.

Cuando me he humillado a Dios con lágrimas, ayunos, vigilias, y con un corazón humillado, Dios me ha respondido. En otras ocasiones he ayunado, he orado, he hecho vigilias, pero no de todo mi corazón, y Dios no me ha respondido.

Daniel primeramente humilló su corazón a Dios.

Ahí nació su rendición y humillación total a Dios, en su corazón.

«Y Jehová respondió a Samuel: No mires a su parecer, ni a lo grande de su estatura, porque yo lo desecho; porque Jehová no mira lo que mira el hombre; pues el hombre mira lo que está delante de sus ojos, pero Jehová mira el corazón»
1 Samuel 16:7

Cuando leemos en las Escrituras cómo muchos reyes y hombres de Dios se humillaron a Dios y se despojaron de ellos mismos, de sus comodidades, de sus gustos y aun se sentaron en tierra y ceniza, podemos ver y entender que esas acciones no fueron superficiales, sino que esas acciones de humillación fueron hechas porque les salió de lo más profundo de su corazón, y no teniendo palabras para expresarse, lo hicieron con acciones.

Cuando nos humillamos a Dios de todo nuestro corazón, vamos a estar dispuestos a hacer lo que hicieron muchos reyes y hombres de Dios de la Biblia.

Vamos a humillarnos al nivel en que nuestro corazón esté humillado.

La humillación empieza en el corazón.

Capítulo 2
La humillación te lleva a una acción

«No hay humillación sin una acción»

«*27. Y sucedió que cuando Acab oyó estas palabras, rasgó sus vestidos y puso cilicio sobre su carne, ayunó, y durmió en cilicio, y anduvo humillado. 28. Entonces vino palabra de Jehová a Elías tisbita, diciendo: 29. ¿No has visto cómo Acab se ha humillado delante de mí? Pues por cuanto se ha humillado delante de mí, no traeré el mal en sus días; en los días de su hijo traeré el mal sobre su casa»*
1 Reyes 21:27-29

El rey Acab fue movido a tomar acciones al humillarse a Dios:

1. Rasgó sus vestidos.
2. Puso cilicio sobre su carne.
3. Ayunó.
4. Durmió en cilicio.
5. Anduvo humillado.

En el versículo 29, Dios le dice al profeta Elías: «¿No has visto cómo Acab se ha humillado delante de mí?». Esto significa que Dios miró las acciones que hizo el rey Acab.

Toda verdadera y genuina humillación nos va a llevar a actuar y a tener acciones que van a demostrar nuestra humillación a Dios.

«6. Y llegó la noticia hasta el rey de Nínive, y se levantó de su silla, se despojó de su vestido, y se cubrió de cilicio y se sentó sobre ceniza. 7. E hizo proclamar y anunciar en Nínive, por mandato del rey y de sus grandes, diciendo: Hombres y animales, bueyes y ovejas, no gusten cosa alguna; no se les dé alimento, ni beban agua; 8. sino cúbranse de cilicio hombres y animales, y clamen a Dios fuertemente; y conviértase cada uno de su mal camino, de la rapiña que hay en sus manos»
Jonás 3:6-8

El rey de Nínive se levantó de su silla, se despojó de su vestido, se cubrió de cilicio y se sentó sobre ceniza.

Las acciones que tuvo el rey y su pueblo fueron el fruto de su genuino arrepentimiento.

«Y vio Dios lo que hicieron, que se convirtieron de su mal camino; y se arrepintió del mal que había dicho que les haría, y no lo hizo»
Jonás 3:10

Dios no miró tan solo sus corazones, Dios también vio sus acciones, vio lo que hicieron.

Nuestras acciones son el fruto de una genuina humillación y arrepentimiento a Dios.

La humillación a Dios empieza en un corazón humillado ante Él, y el fruto de nuestra humillación nos va a llevar a hacer actos visibles que demuestran que estamos completamente humillados. Si no hay una acción, probablemente nunca hubo una verdadera humillación.

Cuando una persona dice que ha perdonado, pero todavía tiene rencor, resentimiento, enojo o ira, se da a notar que esta persona no ha perdonado genuinamente; es por esa razón que no se ven los frutos de su perdón, porque todavía tiene rencor, ira, enojo o resentimiento.

Es lo mismo cuando nos humillamos a Dios. Debemos tener frutos, obras que demuestren que verdaderamente estamos humillados.

Las acciones visibles de nuestra humillación dan a entender qué tan humillados estamos en nuestro corazón.

En una ocasión, en una vigilia de oración, comenzamos a orar, nos humillamos a Dios. De pronto mi corazón se abrió y se derramó totalmente a Dios; al instante yo caí al suelo extendido, empecé a llorar como un niño y me desparramé en la presencia de Dios; y aunque hubo muchas personas en el lugar, mi corazón dictó mi actitud, mi comportamiento.

Fue tan profunda la humillación de mi corazón, que, de acuerdo a la intensidad de entrega en mi corazón, así fueron mis acciones visibles.

Nuestras acciones son el fruto de una genuina humillación y arrepentimiento a Dios.

Capítulo 3
El despojo en la humillación

«No hay humillación sin el despojo de uno mismo»

La verdadera humillación nos va a llevar a un despojo total de nosotros mismos.

«5. Haya, pues, en vosotros este sentir que hubo también en Cristo Jesús, 6. el cual, siendo en forma de Dios, no estimó el ser igual a Dios como cosa a que aferrarse, 7. sino que se despojó a sí mismo, tomando forma de siervo, hecho semejante a los hombres; 8. y estando en la condición de hombre, se humilló a sí mismo, haciéndose obediente hasta la muerte, y muerte de cruz»
Filipenses 2:5-8

Jesús era Dios, pero se despojó a sí mismo de su deidad, de su grandeza, de su reino, de su trono, y se humilló a tal punto que murió crucificado.

Jesús mismo es un claro ejemplo de la verdadera humillación, despojándose de todo lo que tenía, de todo lo que era, y aun de sí mismo.

Al despojarnos de nosotros mismos, de lo que somos y de lo que tenemos, estamos renunciando a nosotros mismos, así como lo hizo Jesús al renunciar a todo lo que tenía en el cielo y descender a la Tierra para tener una dependencia total de Dios. Y ese despojo de nuestra posición, de lo que somos y de nuestro yo, demuestra que nuestra única esperanza es Dios y no nosotros mismos, ni nuestra posición, ya que nos hemos despojado totalmente de nosotros mismos y Dios es nuestra única esperanza.

El despojarnos para humillarnos a nuestro Dios es un acto de renuncia total a lo que nos rodea, a nuestras posesiones, a nuestro yo como personas, y nuestra humillación se convierte en una humillación genuina y total a Él.

En un periodo de humillación, el corazón nos va a llevar a un desprendimiento terrenal para acercarnos más a lo celestial, para acercarnos más a Dios.

«Y llegó la noticia hasta el rey de Nínive, y se levantó de su silla, se despojó de su vestido, y se cubrió de cilicio y se sentó sobre ceniza» Jonás 3:6

El corazón del rey de Nínive, en el tiempo de su humillación, lo llevó a despojarse, a despojarse de sus bienes, de sus privilegios como rey, y aun de sus ropas reales.

El corazón nos puede llevar, impulsar a un periodo corto o largo de humillación; y todo este tiempo estaremos desprendidos, despojados de este mundo, de lo que somos y aun de lo que tenemos.

Jesucristo, aunque era dueño y Señor de todo el universo, y aun siendo Rey de reyes y Señor de señores, todo el tiempo que vivió en este mundo estuvo despojado, desprendido de su trono, de su Reino, y aun de su inmortalidad por su humana naturaleza, a tal punto que lo crucificaron y murió como un ser humano de carne y hueso.

Jesús mismo nos ha demostrado el significado del despojo de uno mismo en el tiempo de la humillación.

Quién como Jesús que, siendo Rey, dueño y Señor de todo el universo, vivió una vida despojada y estuvo humillado en su totalidad para agradar a su Padre.

Estuvo desprendido de todo lo que tenía en el tiempo que vivió en este mundo para salvarnos a nosotros.

Jesús tuvo que humillarse y vivir en este mundo para poder salvar nuestras almas.

Su humillación, su despojo y su muerte fueron el precio que pagó para salvarnos y darnos Vida Eterna.

¡La humillación tiene poder!

Capítulo 4
La humillación nos hace dependientes de Dios

En un tiempo genuino de humillación estaremos totalmente dependientes de Dios, como si estuviéramos nosotros mismos atados al cielo, unidos a Dios.

Al momento de nosotros tomar la decisión de humillarnos a Dios, estaremos entrando a una dependencia total de Dios, nosotros dejaremos de existir para nosotros mismos; primeramente, porque nosotros mismos decidimos humillarnos, porque ya no había otro camino, y entramos a esperar y depender de Dios, sin restricción ni límites.

La humillación es la máxima expresión de entrega y dependencia de Dios en nuestras vidas, ya que no tenemos otro camino, no tenemos otra salida, no tenemos otra solución, y solo esperamos en Dios, esperamos su voluntad y su misericordia.

«¿Quién sabe si se volverá y se arrepentirá Dios, y se apartará del ardor de su ira, y no pereceremos?»
Jonás 3:9

En el libro de Jonás 3:9, el rey de Nínive tiene la esperanza, una luz de que Dios pueda compadecerse de su pueblo y no lo destruya. En el momento en que él y su pueblo se humillaron a Dios, ellos se hicieron 100% dependientes de Dios. ¿Por qué? Porque su única esperanza era Dios.

Cuando una persona tiene asuntos legales contrata a un abogado. En ese momento esta persona tiene que depender de su abogado, pero después van a la corte y ahí está el juez, y él es quien toma la última decisión. La persona que está ante el juez en ese momento está dependiendo totalmente de él.

Esa misma posición de dependencia se presenta al estar humillados a Dios, estamos siendo dependientes totalmente de Él; y Dios, como juez justo, siempre ha tenido misericordia.

En un momento el rey David pecó censando al pueblo de Israel (2 Samuel 24); esto desagradó a Dios, y Dios envió al profeta Gad para hablarle al rey David.

«11. Y por la mañana, cuando David se hubo levantado, vino palabra de Jehová al profeta Gad, vidente de David, diciendo: 12. Ve y di a David: Así ha dicho Jehová: Tres cosas te ofrezco; tú escogerás una de ellas, para que yo la haga. 13. Vino, pues, Gad a David, y se lo hizo saber, y le dijo: ¿Quieres que te vengan siete años de hambre en tu tierra? ¿o que huyas tres meses delante de tus enemigos y que ellos te persigan? ¿o que tres días haya peste en tu tierra? Piensa ahora, y mira qué responderé al que me ha enviado. 14. Entonces

David dijo a Gad: En grande angustia estoy; caigamos ahora en mano de Jehová, porque sus misericordias son muchas, mas no caiga yo en manos de hombres»
2 Samuel 24:11-14

David estaba en una posición sin salida, pero él escogió el castigo de Dios, porque él sabía que Dios es misericordioso.

«Y vio Dios lo que hicieron, que se convirtieron de su mal camino; y se arrepintió del mal que había dicho que les haría, y no lo hizo»
Jonás 3:10

La humillación nos hace dependientes de Dios, de un Dios que siempre ha sido misericordioso.

Capítulo 5
La humillación no tiene interés

«La verdadera humillación no busca un interés personal»

La verdadera humillación busca la aceptación de Dios, la sumisión a Dios sin ningún interés personal.

La verdadera humillación reconoce la soberanía de Dios, su deidad, su poder y una dependencia absoluta y total de Él.

¿Qué nos dice la Biblia?

«34. Mas al fin del tiempo yo Nabucodonosor alcé mis ojos al cielo, y mi razón me fue devuelta; y bendije al Altísimo, y alabé y glorifiqué al que vive para siempre, cuyo dominio es sempiterno, y su reino por todas las edades. 35. Todos los habitantes de la tierra son considerados como nada; y él hace según su voluntad en el ejército del cielo, y en los habitantes de la tierra, y no hay quien detenga su mano, y le diga: ¿Qué haces? 36. En el mismo tiempo mi razón me fue devuelta, y la majestad de mi reino, mi dignidad y mi grandeza volvieron a mí, y mis gobernadores y mis consejeros me buscaron; y fui restablecido en mi reino, y mayor grandeza me fue añadida. 37. Ahora yo Nabucodonosor alabo, engrandezco y glorifico al Rey del cielo, porque todas sus obras son verdaderas, y sus caminos justos; y él puede humillar a los que andan con soberbia»

Daniel 4:34-37

El rey Nabucodonosor, después de haber sido humillado y ser restablecido a su trono, reconoció la soberanía, la deidad y el poder absoluto de Dios sobre los hombres en toda la tierra.

Ese mismo pensamiento debemos tener al momento de nosotros mismos humillarnos a Dios, no tener ningún interés o conveniencia en nuestro corazón.

La humillación genuina empieza en un corazón arrepentido y humillado a Dios, y en un corazón con esas actitudes no hay interés alguno. El único interés debe ser el humillarnos a Dios con todo nuestro corazón.

En la humillación nuestro corazón nos lleva al único interés de agradar a Dios en todo. Ya no existe un interés terrenal, porque nuestro corazón decidió rendirse y humillarse a lo celestial, a lo eterno, y él mismo, nuestro corazón, nos lleva, nos impulsa, nos enfoca hacia Dios, a agradarle a Él, y todo lo concerniente a este mundo no se nos hace interesante ni importante; desaparecen los pensamientos que nos impulsaban a pedir en oración por algo propio, por un interés personal.

Nuestro corazón está rendido, humillado, sumiso a una voluntad suprema y superior a él, y desea conocer la perfecta voluntad de Dios.

Ese pensamiento de nuestro corazón no está conectado a nuestra mente, no está conectado a nuestros sentimientos, no está conectado a este mundo; y él mismo (nuestro corazón) al ser así nos lleva a un desinterés total de lo terrenal.

Nuestro corazón solo se rindió a la voluntad de quien lo tiene sujeto, esto es, a Dios.

Nuestro único interés debe ser agradar a Dios en todo, y la humillación a Él nos lleva por ese camino, a una dependencia total de Dios.

Capítulo 6
La humillación trae exaltación

«Un hombre humillado es un hombre a quien Dios lo puede exaltar en cualquier momento»

En una ocasión un predicador le preguntó a Dios acerca de otro predicador. La pregunta fue la siguiente: «¿Por qué este predicador es tan usado por Dios?».

Dios le respondió a través de un sueño. En el sueño miró al predicador con la cabeza agachada y muy humilde.

La respuesta fue que ese predicador se humillaba constantemente a Dios, era un hombre que siempre andaba humillado.

«A propósito, Moisés era muy humilde, más humilde que cualquier otro sobre la tierra»
Números 12:3 (NVI)

La Biblia resalta la humildad de Moisés; eso le agradaba a Dios, y por esa razón Dios lo exaltó mucho.

Al humillarnos a Dios, no lo estamos haciendo ante un hombre, no lo estamos haciendo ante alguna persona importante, sino que lo estamos haciendo ante Dios, el creador de todo el universo.

Si nos humillamos ante alguien, seguramente llamaríamos su atención, pero al humillarnos a Dios, y ser vistos y escuchados por Él, seguramente no quedaremos sin alguna respuesta de Él.

«Humillaos, pues, bajo la poderosa mano de Dios, para que Él os exalte cuando fuere tiempo;»
1 Pedro 5:6

La humillación es la máxima expresión de humildad, sumisión y dependencia total de Dios, que puede hacer que Dios nos exalte.

En la Biblia podemos ver un claro ejemplo de un hombre humillado a Dios. Su humillación llegó a causa de una noticia que lo llevó a preocuparse y a afligirse demasiado.

«*1. Luego que supo Mardoqueo todo lo que se había hecho, rasgó sus vestidos, se vistió de cilicio y de ceniza, y se fue por la ciudad clamando con grande y amargo clamor. 2. Y vino hasta delante de la puerta del rey; pues no era lícito pasar adentro de la puerta del rey con vestido de cilicio*»
Ester 4:1-2

Mardoqueo era un hombre judío que había criado a una joven judía llamada Ester. Ella fue reina cuando el rey Asuero la eligió por esposa. Pasado un tiempo, un hombre cercano al rey, su consejero, llamado Amán, quiso matar a todos los judíos del reino, pero Amán no sabía que la reina Ester era de descendencia judía.

Además, Amán siempre quiso humillar a Mardoqueo el judío. ¿Por qué razón? Porque todo el pueblo se humillaba ante Amán, pero Mardoqueo no lo hacía porque era judío, sino que lo que Mardoqueo hacía era estar humillado ante su Dios. Por esa razón Amán, el consejero del rey, odiaba a los judíos, ya que Mardoqueo no se postraba ante él, porque él era judío.

Mardoqueo, al enterarse de la noticia de que matarían a todos los judíos, se humilló ante su Dios.

«10. Entonces el rey dijo a Amán: Date prisa, toma el vestido y el caballo, como tú has dicho, y hazlo así con el judío Mardoqueo, que se sienta a la puerta real; no omitas nada de todo lo que has dicho. 11. Y Amán tomó el vestido y el caballo, y vistió a Mardoqueo, y lo condujo a caballo por la plaza de la ciudad, e hizo pregonar delante de él: Así se hará al varón cuya honra desea el rey»
Ester 6:10-11

Mardoqueo andaba constantemente humillado, mientras que Amán andaba constantemente ensoberbecido; y aunque Mardoqueo nunca buscó ser exaltado, Dios lo exaltó.

El libro de Ester termina con Mardoqueo, un judío del Pueblo de Dios, siendo exaltado sobremanera por el rey, el cual lo hace el segundo en todo su reino.

«1. El rey Asuero impuso tributo sobre la tierra y hasta las costas del mar. 2. Y todos los hechos de su poder y autoridad, y el relato sobre la grandeza de Mardoqueo, con que el rey le engrandeció, ¿no está escrito en el libro de las crónicas de los reyes de Media y de Persia? 3. Porque Mardoqueo el judío fue el segundo después del rey Asuero, y grande entre los judíos, y estimado por la multitud de sus hermanos, porque procuró el bienestar de su pueblo y habló paz para todo su linaje»
Ester 10:1-3

EL PODER DE LA HUMILLACIÓN

Lo que Mardoqueo hizo fue estar humillado en cilicio y ayuno delante de Dios, y fue Dios quien lo exaltó en su tiempo.

Amán, quien buscaba la exaltación, terminó siendo humillado y colgado por mandato del rey.

«9. Y dijo Harbona, uno de los eunucos que servían al rey: He aquí en casa de Amán la horca de cincuenta codos de altura que hizo Amán para Mardoqueo, el cual había hablado bien por el rey. Entonces el rey dijo: Colgadlo en ella. 10. Así colgaron a Amán en la horca que él había hecho preparar para Mardoqueo; y se apaciguó la ira del rey»
Ester 7:9-10

La verdadera y genuina humillación no busca la exaltación ni el reconocimiento, la verdadera humillación es desinteresada. Mardoqueo se humilló a Dios desinteresadamente y esa genuina humillación hizo que Dios lo exaltara.

Mardoqueo nunca buscó ser exaltado, sino que fue Dios quien quiso exaltarlo.

«Humillaos, pues, bajo la poderosa mano de Dios, para que Él os exalte cuando fuere tiempo;»
1 Pedro 5:6

Al humillarnos a Dios, lo hacemos para depender totalmente de él, y Dios mismo toma una decisión en nuestra situación para nuestra vida.

Capítulo 7
La humillación a Dios cambia situaciones

Todos alguna vez nos hemos equivocado, y todos necesitaremos la misericordia y la ayuda de Dios.

Cuando nos humillamos a Dios, Él puede intervenir, y cambiar circunstancias y situaciones en nuestras vidas a nuestro favor.

En la Biblia podemos observar algunos ejemplos, uno de los cuales es el del rey de Judá, Manasés.

«*10. Y habló Jehová a Manasés y a su pueblo, mas ellos no escucharon; 11. por lo cual Jehová trajo contra ellos los generales del ejército del rey de los asirios, los cuales aprisionaron con grillos a Manasés, y atado con cadenas lo llevaron a Babilonia. 12. Mas luego que fue puesto en angustias, oró a Jehová su Dios, humillado grandemente en la presencia del Dios de sus padres. 13. Y habiendo orado a él, fue atendido; pues Dios oyó su oración y lo restauró a Jerusalén, a su reino. Entonces reconoció Manasés que Jehová era Dios*»
2 Crónicas 33:10-13

El rey Manasés, durante su reinado, pecó en gran manera contra Dios, pero, después de un tiempo de cautiverio, en su sufrimiento se humilló grandemente a Dios, y Dios lo restauró a su posición como rey.

Si realmente nos humillamos a Dios, podríamos ver la mano de Dios actuar a nuestro favor en nuestras vidas y en las vidas de otras personas.

«13. Si yo cerrare los cielos para que no haya lluvia, y si mandare a la langosta que consuma la tierra, o si enviare pestilencia a mi pueblo; 14. si se humillare mi pueblo, sobre el cual mi nombre es invocado, y oraren, y buscaren mi rostro, y se convirtieren de sus malos caminos; entonces yo oiré desde los cielos, y perdonaré sus pecados, y sanaré su tierra»
2 Crónicas 7:13-14

La verdadera humillación puede cambiar las situaciones más difíciles de resolver.

El rey Manasés a causa de su humillación fue oído por Dios, y Dios cambió el rumbo de su vida y de su destino.

Un corazón humillado a Dios puede cambiar el rumbo, el destino de una vida. Todo lo que parece ser imposible para nosotros, Dios lo puede hacer posible.

Si Manasés no se hubiera humillado a Dios, habría muerto en la deplorable situación en que se encontraba. Asimismo, el pueblo de Nínive, si no se hubiese humillado, habría sido destruido completamente por Dios; pero ellos se humillaron a Dios, quien los oyó y desistió de destruirlos.

«Y vio Dios lo que hicieron, que se convirtieron de su mal camino; y se arrepintió del mal que había dicho que les haría, y no lo hizo»

Jonás 3:10

La humillación de todo el pueblo de Nínive cambió su destino. Nada hubiera podido hacer más por ellos que humillarse a Dios.

¿Qué quiere decir esto? Esto nos enseña que no hay nada que Dios no pueda o quiera perdonar si realmente nos humillamos ante Él.

«Los sacrificios de Dios son el espíritu quebrantado;
Al corazón contrito y humillado no despreciarás tú, oh Dios»
Salmos 51:17

Un corazón genuinamente humillado a Dios puede extender la misericordia de Dios, y nuestra situación puede ir por otro camino, nuestra situación puede cambiar.

Capítulo 8
La humillación es hablar palabras con nuestras acciones

«Y sucedió que cuando Acab oyó estas palabras, rasgó sus vestidos y puso cilicio sobre su carne, ayunó, y durmió en cilicio, y anduvo humillado»
1 Reyes 21:27

El rey Acab recibió un juicio de Dios por medio del profeta Elías. Él sabía que había pecado contra Dios y no tuvo palabras para expresarse y pedir misericordia a Dios. Sus palabras fueron sus acciones, su humillación fueron sus palabras a Dios.

En el libro de Mateo 27:3-5, la Biblia nos habla acerca de la historia de Judas, quien entregó a Jesús. Él no le pidió perdón a Dios por sus acciones, ni se humilló, y su proceder fue el incorrecto: se quitó la vida.

En los momentos en los cuales no podemos expresarnos a Dios, o en los momentos en que sentimos que Dios no nos perdonará, o si pensamos que Dios no nos quiere perdonar, deberíamos humillarnos con un corazón arrepentido a Dios.

El rey Acab, en el momento en que solo podía esperar juicio y castigo de parte de Dios, no tuvo palabras de arrepentimiento y decidió humillarse. Esa humillación a Dios expresada en acciones fue el clamor de su corazón.

En las Escrituras podemos ver diversos ejemplos de personas, reyes y pueblos que, por sus errores y decisiones equivocadas, solo podían esperar el juicio o el castigo de Dios. Pero también la misma Biblia nos enseña que muchos reconocieron en su corazón sus faltas y errores, y las únicas palabras que pudieron expresar fueron su humillación demostrada en acciones.

Siempre hay una esperanza si genuinamente queremos en nuestro corazón ser escuchados por Dios.

La humillación puede ser el camino, la actitud que deberíamos tomar para ser oídos y vistos por Dios.

Nuestras acciones pueden decir muchas cosas, nuestras acciones son palabras que han salido de nuestro corazón. Nuestras acciones pueden decir aún más palabras que nuestros labios; nuestras acciones son el reflejo de lo que pensamos, sentimos y queremos hablar; nuestras acciones son palabras del corazón.

Muchas veces, cuando queremos decir algo, hacemos gestos positivos o negativos de acuerdo con lo que queremos decir o expresar.

En una genuina humillación hay acciones que están hablando a Dios desde el fondo de nuestro corazón, sin mencionar palabra alguna.

Para los hombres puede no significar nada, y aun podemos ser despreciados por ellos, pero para Dios son palabras expresadas en acciones.

«Cuando el arca de Jehová llegó a la ciudad de David, aconteció que Mical hija de Saúl miró desde una ventana, y vio al rey David que saltaba y danzaba delante de Jehová; y le menospreció en su corazón»
2 Samuel 6:16

En una ocasión en la cual el arca de Dios llegó a la ciudad de David, el rey David danzaba para Dios, pero su esposa Mical no entendió eso; sin embargo, para Dios lo que David hacía le era agradable.

David expresó su contentamiento por tener el arca de Jehová y sus acciones expresaban lo que sentía, lo que quería decirle a Dios, y Dios lo aceptó.

Nuestras acciones son palabras que han salido de lo más profundo de nuestro ser, de nuestro corazón; es por esa razón por lo que, cuando nos humillamos a Dios, no siempre hablamos palabras. ¿Por qué? Porque sabemos que Dios ha oído nuestras palabras a través de nuestras acciones.

Le hemos dicho algo con nuestras actitudes. En cada acción expresada le estamos diciendo algo a Dios, le estamos diciendo: «¡Escúchame! ¡Atiéndeme! ¡Óyeme! ¡Respóndeme!».

Tal es nuestra humillación, tales son nuestras palabras expresadas en acciones.

Capítulo 9
El poder en la humillación

Hay muchos poderes, pero ningún poder está más escondido y oculto que el poder de la humillación.

Muchos hombres desean ser usados por Dios, muchos hombres desean cosas, pero los hombres que han alcanzado proezas en la historia del cristianismo, los hombres que hicieron cosas imposibles de alcanzar aun para ellos mismos fueron hombres que se humillaron genuina y constantemente a Dios.

Es Dios quien exalta, es Dios quien quita y pone reyes. De Dios es el poder, la gloria, la honra y la magnificencia; y al comprender esto, podemos saber y entender que la humillación a Dios es la mejor decisión, y es también el mejor camino que podemos tomar.

«Mi mano hizo todas estas cosas, y así todas estas cosas fueron, dice Jehová; pero miraré a aquel que es pobre y humilde de espíritu, y que tiembla a mi palabra»
Isaías 66:2

Un corazón humillado a Dios, tiene un poder extraordinario.

Un corazón humillado a Dios, es un corazón dependiente y totalmente esperanzado y sumiso a Dios.

Un corazón humillado a Dios, es un corazón descansado en el poder de Dios, en la misericordia de Dios.

«*10. Y habló Jehová a Manasés y a su pueblo, mas ellos no escucharon; 11. por lo cual Jehová trajo contra ellos los generales del ejército del rey de los asirios, los cuales aprisionaron con grillos a Manasés, y atado con cadenas lo llevaron a Babilonia. 12. Mas luego que fue puesto en angustias, oró a Jehová su Dios, humillado grandemente en la presencia del Dios de sus padres. 13. Y habiendo orado a él, fue atendido; pues Dios oyó su oración y lo restauró a Jerusalén, a su reino. Entonces reconoció Manasés que Jehová era Dios*»
2 Crónicas 33:10-13

EL PODER DE LA HUMILLACIÓN

www.ingramcontent.com/pod-product-compliance
Lightning Source LLC
LaVergne TN
LVHW051217070526
838200LV00063B/4947